Conoscere & Amare il Sacro Corano

Un Libro Per Bambini Per Introdurre il Sacro Corano

DI THE SINCERE SEEKER KIDS COLLECTION

Quando il profeta Maometto, la pace sia con lui, aveva 40 anni, si trovava da solo in una caverna chiamata Hira per meditare e pensare profondamente alla propria vita e all'Universo, durante il mese di Ramadan, il nono mese del calendario islamico. Poi un Angelo chiamato Gabriele è sceso, e ha spaventato il Profeta Maometto. L'angelo lo ha stretto forte, e gli ha ordinato di leggere. Il Profeta Maometto non sapeva leggere o scrivere, e disse: *"non so leggere"*. L'Angelo lo strinse nuovamente e glielo chiese altre due volte, ma il Profeta Maometto gli diede la stessa risposta. Poi il primo Verso del Sacro Corano scese da Dio tramite l'Angelo Gabriele al Profeta Maometto. Terrificato, il profeta corse a casa da sua moglie, Khadijah, la pace sia con lei, e le chiese di coprirlo. Poi le spiegò cosa era successo, e lei lo rassicurò e gli disse: *'Dio non ti umilierebbe mai perché sei buono con la tua famiglia, e aiuti i poveri e le persone bisognose"*. Poi, oltre 23 anni dopo, il Sacro Corano è stato inviato al Profeta Maometto, la pace sia con lui, pezzo dopo pezzo.

Il Sacro Corano è un libro di Allah, il nostro Creatore. La parola "Corano" significa recita in arabo. Il Sacro Corano è composto dalle parole estate di Allah. Allah ha inviato il Sacro Corano per noi, così che potessimo essere guidati da Lui e costruire una relazione con Lui e amarlo.

Il Sacro Corano è un libro che guida gli esseri umani in ogni aspetto della vita. Il Sacro Corano è un manuale di istruzioni su come bisognerebbe vivere. Ci insegna cosa è bene per noi e cosa dovremmo evitare perché male e dannoso.

Il Sacro Corano ci insegna che dovremmo credere nell'Unicità di Allah, nell'esistenza dei Suoi Angeli, i Suoi Profeti e Messaggeri, i Suoi Libri, e che dovremmo credere nell'Ultimo Giorno, nel Giorno Della Resurrezione, nel Giorno del Giudizio, e nella Predestinazione Divina.

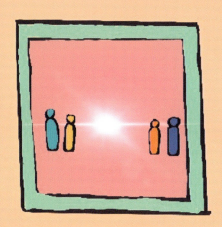

Il Sacro Corano ci insegna che dobbiamo credere e adorare il Solo vero Dio. Insegna che dobbiamo pregare Allah ogni giorno e che dobbiamo essere buoni e aiutare i poveri e bisognosi. Il Sacro Corano ci insegna che dobbiamo digiunare nel mese di Ramadan, così da essere più giusti e avvicinarci ad Allah, e che dobbiamo compiere l'hajj almeno una volta nella vita, se possibile.

Il Sacro Corano ci insegna l'amore, la compassione, la fede e la bontà. Dio ci ricorda del Suo Amore, della sua compassione e della sua misericordia attraverso il Sacro Corano. Allah Ci Ama moltissimo, e anche noi dovremmo amare Lui.

Il Sacro Corano ci insegna ad essere buoni con i nostri genitori, con la nostra famiglia, con i nostri fratelli e amici, e ad essere buoni con gli animali e nuocere o distruggere le piante. Il Sacro Corano ci insegna che dobbiamo essere fedeli e non mentire o tradire mai.

Il Sacro Corano ci insegna che dobbiamo essere sempre riconoscenti e dire Alhamdulillah per tutto (*ringraziare e lodare Allah per ciò che Lui ci ha dato*). Dobbiamo essere ottimisti, speranzosi e avere sempre fiducia in Allah, il Glorioso.

Il Sacro Corano ci insegna la pazienza. Il Sacro Corano ci insegna che dobbiamo essere umili e non vantarci.

Il Sacro Corano ci insegna che il nostro nemico è Satana. Lui vuole sviarci e allontanarci da Allah, il nostro Creatore. Il Sacro Corano ci insegna che tutti sono responsabili delle proprie azioni, e tutti ne devono rispondere davanti Dio.

Dio ci ha inviato i Libri nel passato prima del Sacro Corano per le nazioni del passato e per le persone che hanno vissuto prima di noi. Ma il libro finale è il Sacro Corano, che è stato scritto per noi fino alla fine dei tempi.

Il Sacro Corano è composto da 114 capitoli e oltre 6000 versi, ed è scritto in arabo. Il Sacro Corano è rimasto lo stesso da quando è stato Rivelato, e non è mai cambiato, nemmeno di una lettera.

114 Chapters

Il Sacro Corano è il miracolo più importante di Dio, e contiene centinaia di altri miracoli.

Il Sacro Corano è stato memorizzato da milioni di persone di tutte le età, lingue e provenienze culturali. Nesusn libro viene letto più del Sacro Corano. Quasi ogni musulmano ha memorizzato alcune parti del Sacro Corano per leggerle nelle sue preghiere. Allah ha promesso nel Sacro Corano che ha reso la comprensione e la memorizzazione del Sacro Corano facili per tutti.

Il Sacro Corano deve essere letto ad alta voce con un tono bello e melodioso. Dovremmo leggere il Sacro Corano ogni giorno per avvicinarci ad Allah e comprendere le sue Parole e il suo Messaggio per noi. Dovremmo leggere il Sacro Corano ogni giorno, così da essere premiati. Per ogni lettera letta nel Sacro Corano, riceviamo dieci ricompense.

Fine.

Printed in Poland
by Amazon Fulfillment
Poland Sp. z o.o., Wrocław

33946401R00020